TRÜBE TROPFEN

Bilder und Gedankenzeilen

TRÜBE TROPFEN

BILDER UND GEDANKENZEILEN

Bilder und Texte von Jon Mincu

Fine-Press-Atelier
Jon Mincu

Layout, Gesamtgestaltung: Jon Mincu

Berlin 2023
Herstellung:
BoD - Books on Demand, Norderstedt

ISBN: 978-3-00-075258-2

INHALT

Es ist nicht genug eine Wahrheit zu finden; man muss sie begrifflich verstehen, um sie hermeneutisch auszulegen.

ERBGUT

Versteckt sich das SEIN in einem Chromosom?
Die ganze Erbsubstanz in einem Entität-Genom?
Codierte Botschaften, verborgen in Millionen Basispaaren,
Verwandelt sie in eine feste Form des SEIENDEN.
Vor diesem Wunder wird man fromm!

Entwickelte Geschöpfe geworden schwingen wir
Mit anderen konkreten Formen in das Diesseits.
Wofür sind wir durch Gene so geformt?
Hat die Bewegung des WERDENS ein bestimmtes Ziel?
Sind wir nur ein Stadium in einem langen Werdegang?
Uralte Mythen wollen behaupten, dass schon
Einige frühere „Stadien“ ausgerottet worden sind.

Es gibt noch einige urzeitige Geschöpfe,
Die nicht von Evolution betroffen sind –
Warum sollen wir jedoch diesen Prozess bestreiten?
Warum dann wir die Ausgewählten sein,
In eine andere konkrete Form verwandelt sein?
Ich werde mich verfremdet fühlen als anderes DASEIN,
Jenseits, in einer kalten fernen Welt zu sein.

DIE GNADE

Der schwache Mensch, im Angesicht zu erdrückender Natur
Seit tausenden von Jahren sucht er fromm den Beistand,
Seit tausenden von Jahren betet der Mensch um Gnade,
Hilflos gen Himmel wendet er sich, um Schutz und Gnade suchend.
Die absolute Wahrheit erhellt die ganze Welt in seiner Einheit –
Für alle Wesen soll die Gnade des universalen Gottes gelten.

Doch der Mensch zeigt sich, von seiner Wesensart getrieben, gierig,
Er will die Gnade Gottes nur für sich in Anspruch nehmen,
(Ohne Erlaubnis Gottes) – Heiliges Werk im Ganzen wird ignoriert,
In seiner Funktion beschnitten, verfremdet und so gestaltet,
Wie eine private Gabe vom Himmel ihm als einzigem gegeben;
Zerteilt wird die Liebe Gottes, die keine Unterschiede vorgesehen hat,
Gleichsam nur Hass und Kampf gegen die anderen als Feinde.

Die Athener haben für einen unbekannten Gott einen Altar gerichtet,
Um ihre Frömmigkeit und Furcht zu zeigen vor einer jeglichen Gottheit.

Vom „Paradies“ hat Vater Gott Adam und Eva nach Osten geschickt.
Um eine neue Spezies von Homo sapiens super sapiens zu schaffen,
Braucht Gott bestimmt einen neuen „Garten Eden“ zu errichten,
Wie diesmal zu vermuten ist, wird das im Westen sein.

DAS MONOPOL

Das Monopol der Wahrheit liegt bei uns – kein Widersacher!
Wir sind Vorreiter und fortgeschritten, die Richtungsweisende,
Wir stellen und verbreiten DAS MODERNE *in der Welt.*
Die Freiheitsliebenden und Tolerantesten sind wir!
Es herrscht bei uns „Diversität“, “One Love“ und „Menschenrechte“.

DIE WAHRE WAHRHEIT *ist ein Phantom, und unerreichbar,*
Stattdessen ein Kaleidoskop von Wahrheiten, wechselhaft, vielfälltig.
Die Wahrheit kommt nicht immer ans Licht: es wird verschwiegen,
Es wird vertuscht, oder manipuliert – Die sagenhaften Fake News.

Individuell, nur ein Fanatiker kann glauben, dass er die Wahrheit hat,
Und intolerant, akzeptiert er keine anderen Wahrheiten,
Mit Eifer versucht er militant die Gegner zu bekämpfen.
Wenn ein Fanatiker die Macht an sich gerissen hat,
Besteht danach die wahre und reale Drohung für uns alle.

WIR SIND MODERN

Sodom und Gomorrha, Römische Dekadenz,
Das haben wir schon – wir sind sehr modern!
Wir haben verschiedene Menschen-Gattungen
LGBQIT – man sagt: „Es ist gut so!“ – Wofür?
Bei uns herrscht Freiheit und Toleranz; leider –
Die Welt ist nicht so weit wie wir.

Monctezuma und die Seinen wurden von Spaniern
Als Homophile angeprangert und exterminiert.
Jetzt, nach fünfhunderten von Jahren hat in Spanien
Die Cortes Generales die Homo-Ehe per Gesetz erlaubt.
Keltische Picti wären neidisch auf die Tätowierungskunst
Der Körperteile, die Modebewußte uns so gerne zeigen.
Von „primitiven“-Völkern mit ihrem Nasen-Piercing sind
Im Museum Menschen als lebende Exponate angezeigt.
Die jungen Zeitgenossen tragen heute stolz ihre Ringe
Gebohrt in Nase, Lippen, Ohren, Zunge, Augenbrauen,
Etc.
Ansteckend breitet sich der gemimte, hohle Optimismus
Von Medien gefordert aus: Spiele und Lust betreiben alle,
Mit Genuss gleiten wir unmerklich Richtung Unkultur,
Die närrische Gemeinde kündigt froh „Es geht uns gut!“

jedes sechste Kind in Deutschland lebt in Armut

DIE ANONYMEN

Da oben auf der "Pyramide" verbringen einige wenige ihr Leben
In Verborgenheit, geschützt von lästigen Blicken in der Anonymität.
Da unten bestreiten Tausende und Abertausende ihr Dasein
Und leiden armselig stumm in einer unerwünschten Anonymität.
Armut bedeutet Unfreiheit, armut bedeutet Abhängigkeit.

Dazwischen tobt ein lauter, lustiger Zirkus in der Öffentlichkeit:
Totale Freiheit – Die Clowns und die Narren entblößen sich,
Eine ephemere Berühmtheit in den Medien: „Bekannt zu sein"
So klingt die Devise; über Geld zu sprechen ist verpönt, weil zu „Intim".
Die Medien versorgen uns tagtäglich mit neuen Komödianten-Shows,
Nur Quiz und bunter Karneval, mit Amüsement und Unterhaltung.
Um die generell misslaunige Wirklichkeit zu verschleiern.
Kein lästiger, geistreicher Anspruch soll die einfachen Gemüter stören
Sehr froh dreht sich die Menge in der Manege und folgt dem Dompteur.

Nur in die Ferne schallen gefährlich die Kanonen.

WAHRNEHMUNG

Man will sich in die Verborgenheit zurückziehen –
Zu laut ist das Gepeitschte der Trommler geworden,
All die Rhythmen des Rapper-Gerassels bohren die Luft
Und beleidigen schmerzlich den Sinn für Harmonie.

Man will nachdenken – zu störend sind die hohlen Ansagen
Der Ideenlosen und der schamlose Plagiatopportunisten;
Keine Überzeugung mehr und nur leere Versprechungen
Von Wohlstandzukunft und Gerechtigkeit auf Kontinenten.

Das Säbelgerassel täuscht die Wege der Vernunft,
Es scheint, dass die böse Vergangenheit vergessen ist.
Sind jetzt alle schon von dem Long-Covid-Leiden befallen?
Rutschen wir ungeachtet in das Verdorbene hinein?

Es ist da draußen laut unerträglich und rumort ständig,
Die Trommeln schlagen heftig näher ihr Bum-Bum,
Es wird ersichtlich Verarmung – der Pöbel wird unruhig,
Der Geist und die verprellte Seele ahnen das Absurdum.

HASS

DIE FURIEN

Die Furien, Gestalten der Unterwelt, verbreiten schamlos
Ihren stinkenden Geruch von Schießpulver und Tod.
Der Morbus des Krieges – zu lange war es ruhig hier –
Ansteckend, wird mit Euphorie empfangen von Infizierten,
Ihre militante Propaganda malt den Teufel an die Wand,
Das Gedonner der Kanonen ist ihre bevorzugte Musik;
Moralisch-ethische Prinzipien werden selektiv verwendet,
Seit langem wird gelauert und endlich der Feind geortet.
Die Untertanen stellen sich noch enger in eine Reihe.
Für Waffenkäufe verfügt man plötzlich über Milliarden;
Die Waffenschmiede reiben sich die Hände,
Fieberhaft fängt der Kampf um die tödlichste Waffe an,
Die Waffenhändler jubeln: an die Börse klettern die Aktien,
Ihre Werte explodieren und schießen in die Höhe.

Die Furien verbreiten eifrig Tod und Zerstörung
Kollaterale Schäden werden ignoriert, sie zählen nicht.

DER WEGWEISER

Katastrophen begleiten ständig unsere Existenz.

Nach jeder Katastrophe kam ein allwissender Wegweiser
Mit seiner Gefolgschaft, die stets ihn treu begleitet.
Er stand oben – ein Wegweiser muss immer oben sein,
Um seine Rede „an das Volk“ zu halten.
Er versprach: Eine „Goldene Zukunft“, die schon
Am Morgenrot des Horizonts zu sehen war, wird kommen.
Leider von dem Versprechen war nicht mehr viel zu erleben,
Der Schlamm der verfälschten Geschichte hat sich verzogen
Und viele Enttäuschte und Überzeugte doch dahingerafft.
Eine Cassandra oder ein Nestor hatten kein Gehör gefunden.

Abseits, da unten, grübelte der Skeptiker über seinen Gedanken:
Vergangene antike Helden wurden längst begraben und vergessen,
Die Dichter und die Denker von den Kulturbanausen ignoriert,
Um einen Sinn des Lebens, oder die Spuren einer Wahrheit
Zu erkunden, eine Wahrheit die niemand hören will –
Warum die Mühe dann?

Mit Obedienz erwarten wir die nächsten Katastrophen.

IM LEIBE

Der Leib lebt zwangsläufig sein vorgeschriebenes Leben,
Äußerlich erlebe Ich ihm sein Leben nach.
Ätherisch schwebe Ich unerkundet und zurückgezogen
In meiner Klause, in Einsamkeit bleibe Ich in ihm versteckt.
Ich bin der Animus, ich bin die Seele, ich bin das starke Ich,
Ich bin die Weisheit, und die Empfindsamkeit ist meine Stärke.
Mit Tiefen und Höhen empfange Ich den Sinn der Welt.

Da laufen draußen andere Leibe als Menschen verkleidet;
Es tut mir Leid für meinen kränklichen Verdruss
Gegen die fremde Außenwelt mit bürokratischen Gesetzen,
Wir wollen doch keinen Konflikt mit der Realität.

In Zweiheit verfolgen wir dem undurchsichtige Verhängnis,
Begleitet von der Hoffnung und von Idealen träumend,
Gleiten wir immer weiter, der utopischen Unendlichkeit zu,
Abseits vom Rummel. – Für uns ist wichtig nur die Schöpfung.

INSOMNIA

Der Schlaf ist mir entflogen, mir allein hat er
die weißen Nächte hinterlassen.
Gekränkt versuche ich, ohne Erfolg,
vor Bildern der Erinnerung zu fliehen.
Mit einer faden Geste wische ich sie ab.

Die Zukunft sieht nicht besser aus;
Das Sündhafte Verhängnis verfolgt uns? –
Seit Kierkegaard die Angst erkundet hat,
kommen wir aus dem Grübeln nicht mehr herraus.

Ich möchte mich entziehen, ich stemme mich dagegen,
Erkenntnis heuristisch zu gewinnen ist keine Sünde.

ZURÜCKBLICKEND

Gelebt in meinem Arkadien hatte ich, obwohl unter dem Tyrannen,
doch glückliche Tage: in den Bergen gestiegen. wo die Luft rein war
und in den grünen Wäldern geatmet, habe ich in mir gierig gehortet
für die dunklen, kalten und traurigen Jahreszeiten.

Die Berge und die frischen, grünen Gärten sind in Dunst der Ferne
Wie ein Hologramm verschwunden – Die warmen Bilder blieben
Doch in mir begraben – Ich bette die Sonne an, wie alte Hirten,
Mir die Geheimnisse der ewigen Steine und der glitzernden Sterne,
Um die Erhellung des Weges, der zu der ewigen Ruhe führen soll,
Und an seinem Ende die Heilung meiner getrübten Seele zu erreichen.

ZUKUNFT UND VERGANGENHEIT

Als Jünger lebt man kummerfrei sein Leben, geniest die Zeit –
Die Zukunft erscheint voller Chancen und versprechend
Viele Träume zu erfüllen: Zukunft bedeutet eine ausgedehnte Zeit.
Im Alter wird dagegen die „Zukunft“ etwas geschrumpft,
Dagegen wächst wie eine schwere Schleppe deine „Vergangenheit“,
Mit vollem Koffer von Erinnerungen, mal guten - mal schlechten,
An keiner kann man etwas korrigieren oder Verbesserungen machen;
Die quälen dich in jeder schlaflosen Nacht: „Was wäre wenn…?“
Sinnlose Fragen und kein Trost – Dein Leben ist schon gelaufen.
Man muss begreifen, dass der Spaß irgendwann ein Ende hat,
Und das Grübeln darüber nur zu reine Spekulationen führt:
„Philosophieren heißt Sterben lernen“ sagte schon Cicero
Wir müssen akzeptieren, dass die Krönung der Evolution sterblich ist,
Wie viele andere Wesen auf diesem Planet – Der Schöpfer hat uns
Nicht gegönnt unsterblich zu sein, sonst wären wir zu viele gewesen hier
Selbst ein Gilghamesh hat sich vergeblich gegen den Tod gewehrt.

Doch erfährt man überrascht und neidisch, dass es ein Wesen gibt
In blauer Meereswelt, dass lange lebt, erscheint fast ewig:
Es ist die hübsche Qualle Turritopsis nutricula, die Fähigkeit besitz
Sich ständig zu regenerieren, d. h. sie scheint unsterblich zu sein.
Und wir, die Krönung der Evolution? Das hat Gott-Vater uns verboten
Die Früchte der Unsterblichkeit zu kosten.

ES WAR EIN SOMMER

Dieser Sommer war tatsächlich Sommer
und warm war es, nicht nur drei Tage wie gewöhnt.
Die Nächte waren aufregend voller Phantasie,
Gewaltig wölbte sich der dunkle Himmel voller Sterne.
Gedanken und Eingebung befruchteten mein Schaffen.

Jetzt sind die kalten und trüben Tage angekommen
Und meine Phantasie ist mir allmählich ganz gefroren.
Trüber Gedanken und eine Leere wehen im grauen Tageslicht;
Dazu kommt ständig angekündigt die negative Nachricht.

ZU MEINEM CITRUSBÄUMCHEN

Der Herbst ist weggeschlichen an einem grauen Schleiertag,
Die Kälte kam doch unerwünscht am nächsten Nachmittag.
Entwurzelt von seinen heißen, heimischen Gefilden versuche ich
Mein Citrusbäumchen an das warme Zimmer zu gewöhnen,
Und trotzdem leidet es unter der Jahreszeit so sehr,
Dass es die kleinen gelben Früchte jämmerlich verstößt,
Die grünen Blätter fallen, anscheinend wie meine Haare,
Allmählich ist es kahl geworden, die leeren Äste wie Gerippe.

Wir warten beide auf die warmen Zeiten;
In Frühling könnte es Regenerierung erhoffen,
Neue grüne Blätter könnte es bekommen,
Und Blüten in denen die gelben Früchte keimen...
Bei mir wird nicht mehr etwas kommen.

ES KAM DOCH WINTER

Kälte und Regen, Regen-Schnee, vereist der Weg;
Unerwartet wird es Winter – getrübte Stimmung:
Meinem Eingebungsschatz droht die Verschrumpfung,
Keine Lust und keine Phantasie, unwilliges Gemüt.

Der warme Sommer ist verträumt, kein Grünes mehr
Verwelkt wie eine Pflanze, getrocknet, leidend sehr
Ist meine Seele in sich zurückgezogen, verstummt,
Erwartend, dass die warme Jahreszeit wiederkommt.

DER FREMDE

Warum bist du hier? Warum bist du von deiner Heimat weg?
Du hast die hohen Berge und die grünen Wälder und die Flüsse
hinter dir gelassen,
Die warmen Sommertage und den heißen Sand am Meeresstrand –
bescheiden und arm wie alle,
Was suchst du hier? Hier wirst du immer ein Fremder sein!
sagte mir ein Exilant.
Mit tiefen Seufzern sagt ich zu mir: ich leide und vermisse
Die stolzen Berge, die alten Bäume in den grünen, dichten Wäldern,
Die wie meine Brüder waren, die klaren, schnellen Bäche –
Meine Seele schmerzt unter der schweren Last, dass ich alles
hinter mir zurückgelassen habe.
Was suchst du hier? Hier wirst du immer ein Fremder sein,
sagte er mir.
Das Traurige war, dass ich den Menschen auch DORT *fremd war.*

So habe ich mich auf den Weg getraut, auf den habe ich mich gemacht,
auf der Suche nach Nicht-Auffindbarem.

ELYSION

Wenn in den blauen Himmel ihre breiten Fittiche flattern
Und schrille Töne von sich gebend gleiten die Kraniche,
Die mythischen Vögel als Zeichen der Götter des Lichts
Und des Frühlingsglücks sind wieder zu uns zurückgekommen.

Dann keimt in mir die Sehnsucht nach dem lebenspendenden Licht,
Dann fühle ich mich angezogen von einem erträumten Elysion
Schlafwandelnd dahin, am äußersten Rand der Welt,
Wo die ewig grünenden Gefilde erfreuen die Seele des Schöpfers.

„Es gibt zu viele Künstler“ häkeln die Kulturbanausinnen und Kulturbanausen.